JN410687

현대문예 작가선 · 171

사랑의 등불

| 김원자 시집 |

시인의 말

사람은 누구나 자기의 삶을 영위하면서 누릴 수 있지만 정의로움 속에서도 질서는 바로 서야 한다. 사람마다 그 빛깔과 색깔이 다르듯이 자아 반성의 기회를 가지면서 초심을 잃지 않고, 가슴에 담아온 삶의 애환을 글을 통해 세상에 내보내면서 조심스럽게 낮은 자세로 임하려 한다.

내 나이 오십이라는 지천명에 유치원을 설립하여 사회에 첫발을 내디뎠다. 남편은 사회에 나가면 항상 겸손하게 처세를 해야 한다고 말했다. 상냥하고 웃는 얼굴로 상대방에게 잘해야 한다고 강조했다. 유치원을 운영하던 중 또 다른 기회가 주워져서, 어린이집을 낙찰받았다. 유치원과 어린이집 두 군데를 운영했다. 내 생애 가장 바빴던 시절이었다. 누군가 간절히 원하면 꿈은 이루어진다고 했던가. 나는 최고의 황금기를 보냈다.

하루는 늘 가고 싶은 문학의 길을 찾고 싶어, 교육대

문예창작반에 들어갔다. 문학의 꽃은 시라고 했듯이 틈틈이 써온 글을 시라는 그릇에 담아 보았다.

고희라는 여정을 걸어오면서 나의 경험을 바탕으로 부끄러움을 무릅쓰고 부족한 글이지만 세상에 내보내려 한다.

지는 해가 더 곱다고 했듯이 꽃은 떨어질 때 향기를 낸다. 철새는 최선을 다하고 때가 되면 다시 돌아간다. 이처럼 마지막 남은 나의 여생을 정리하여 부족한 글이지만 용기를 내어본다. 이 글을 접한 독자 여러분께 무한한 감사를 드린다.

항상 옆에서 도와준 나의 동반자인 남편과 사랑하는 자녀들에게 감사의 인사 올린다. 특히 한실문예창작 박덕은 지도 교수님께 감사하다는 말씀을 드리며 성스런 문학회 문우님들에게도 고마움을 전한다.

2024년 그리움을 찾아서
김 원 자

축시

김원자 시인

박 덕 은

바위 위로
세상 모든 어둠과 적막이 누워도
천성이 선하고 착한
바위섬 하나
수많은 파도에도
의리 지켜내며
겨우내 수평선 품었다

품 너른 낭군 만나 손잡고
계절이 책갈피 한 장 아슬아슬 넘겨도
갈매기 소리 평화롭게 가꾸며
가정의 탑을 쌓아갔다

집안 어르신들 따스이 받들며
봉인된 삼월이 화사한 꽃으로 피어나듯
감동의 물결을 마루에 곱게 깔았다

봄날을 접목하는
어린이들의 동심과 웃음소리와 어우러져
생의 꿈동산을 향긋이 물들이다가

어느덧 따스한 저녁노을만큼 기복 없는
시심의 개울에서 수제비 뜨며
감동의 징검다리 건너며
숱한 밤 지새우기도 했다

때론 사는 게 헛헛한
비바람 눈보라에 시달려
시야가 흐렸지만
그때마다 시 창작의 깃발 펄럭이며
꿋꿋이 강을 건넜다

마침내 별자리의 방향 따라 다다른
들녘의 향기 만발한 세상
온갖 나비들의 축제
눈물겹게 보듬고 있다

새롭게 다가와 볼 부비는
향그러운 전율과 느낌
행복의 나래 펴고
푸르른 휘파람 불고 있다.

김원자 시집 **

/ 그리움

2 비 오는 날이면

3 첫눈

4 사랑은 내게로

1

그리움

가을 타는 날

마음 한자리 앉지 못하고
어느 날 등성이 눈물
고이고

여물지 않은 추억이
소리 죽인 울음까지
녹여 내린다

누군가 소유하지 않으리
고달픈 바람에 의지하면서
집착의 손 놓으리

다정한 인연들과
엉클어진 꽃잎처럼
뚝뚝 떨어지는 날

한때의 웃음과 그리움으로
못다 한 정
채워 가리.

눈

별을 향해 걸어가다 꽃잠에 든
밤의 문장 해독하려고
어두움 누운 자리에
누군가 첫 발자국 놓고 간다

적막의 방향에 귀기울이며
펄펄펄 쏟아지는
흰빛의 일대기 같은
보고픈 첫사랑 가슴에 담고
흐르던 눈물과 추억 뒤돌아보며

허공 가득 이야기 풀어놓으며
하얗게 써 내려간 육필 원고
그 치열한 삶의 체온으로
뽀드득 뽀드득
발걸음 소리 지워 간다

자정의 길목에서 속삭이는
바람의 언어를 입은
은빛 날개는

소롯이 축복으로 내려와
나뭇가지에 꽃피우고

안과 밖이 다르지 않게
하얀 고백으로 말문이 터진
설레는 가슴 한 조각엔
사랑으로 살다보니
그리움이 찾아오고

첫 문장에서 마지막 문장까지
간절히 그리운 몸을 열며
가슴 아픈 이들과
함께 웃다 보니
행복이 문앞에서 기다리고 있다.

사랑의 등불

가슴이 아려오는
그 이름
어머니

꽃가마 신부라는 화법으로
또 한번의 생애 첫자리 열며
시대의 가장자리에서
떠밀려도 물러설 수 없는
끝자리 붙들고
불운과 행운 매만지며
뿌리 내린다

당신의 마음속엔
늘
그늘진 자식 걱정

행여 시집살이 힘들세라
보내준 편지
향기 묻어난다

꾹꾹 눌러쓴 글씨체에
고샅까지 뛰어나온
봄날의 안부와
담장 뛰어넘는
유년의 환한 낯빛과
물의 후렴구가 통통 튀었던
그날의 소나기가 흥건해
마음 적신다

여정에
늘어나는 주름살
물결처럼 밀려오고

꿈에서도 무언의 지팡이로
방향 점지해 주는
그 고운 자태

어머니라는 별자리는
춥고 매운 시간의 칼끝에서도
물러서는 법이 없기에
막막한 길 위에서도
동쪽을 싹트게 한다.

어버이날

빗속을 헤치고
천리길 달려온

자녀들 보면서
지난 세월 앞에
초연히 고개 숙여진다

내리사랑만 생각하고
치사랑은 뒷전이었다

삶이 슬프고 고단할 때
생각나는 부모님

모든 건
당신들의 희생과 정성으로
남겨진 흔적

먼먼 기억 속으로
잊혀져 가는 길목에서
자녀들이 깨우쳐 주는

애틋한 부모님 사랑
다시 한 번
상기해 보는 기회 주는
자녀들아

고맙고 감사 마음 전한다
부디 건강하게
잘 살아다오.

아버지

당신은 온화한 인품에
고을에서 빛나는 의원직 하면서
4키로가 넘는 오솔길을
대로로 닦아놓고

생소하게 버스와 택시
드나들 때
마을 사람들의 환호성과 웃음
복이 터지는 날

개통식 위해
술안주로
친구들은 구경도 못한 오징어와
땅콩 찢어 주면
처음 맛본 아이들이
나를 졸졸 따라다녔지요

항상 날아가는 새도 불러다
밥을 먹여 보낸다고
까치라는 변명이 붙었지요

지금도 친정집에 가면
대로를 미끄러지듯
자동차 몰고 갑니다

초교 때 배 아프다고 하니
저를 등에 업고 마당을 돌면서
자장가 불러주셨죠

철없던 저도 부모님 은공으로
편하게 잘 살고 있습니다
사랑하는 아버지 하늘나라에서
편히 쉬세요.

어머니 · 1

가슴속 퍼내도
마르지 않는
저 우윳빛 바다

각혈하듯 해질녘 울음 쏟아내도
출렁출렁 기도와 당부 이으며
자식들의 둥근 물살이
포박당하지 않도록
잰걸음으로 해조음 끌어와
떠받쳐 준다

다소곳한 성품으로
빚어낸
요리와 바느질

막내가 가지고 논 새털구름은
구멍난 무릎에 이어 붙여
뭉게뭉게 꿰매고
첫째가 낚아채다 버린 뜬구름은
시접으로 접어 시침하며
한 벌의 생을 짓는다

만인의 길잡이 되어
호감 받는 환호성
지금도 귓전에 들려온다

고향집 구석 구석
해와 달
걸어온 뒤안길

한 채의 곤궁한 사주를
닳아진 무릎으로 밀고 당기며
녹슨 그믐달로
새벽의 침상에 눕지만
아침이면 다시
환한 생의 목록 향해 눈뜬다

저린 아픔
눈물 되어 흘러도
여전히 살갑게 부는 바람

당신의 웃음 몇 바가지
소롯이
가슴에 담는다.

어머니 · 2

울적할 때마다
불러보는 사랑 노래

눈망울에 맺힌 이슬
뚝뚝 떨어진다

그 따스한 품
그리워지는 날

당신의 슬픔과
빛깔의 마음조차

가슴 적셔 흐르며
자신을 위해서는

한 치의 빛깔도
쓰지 않는

나도 그 어머니의
여자가 되고 있다.

바램

추억은
오래 익어야
풍경이 된다

첫눈이 내리면
만나는 것도
무디어진다

강물 같은 눈물이
넘쳐도
외로움과 슬픔이
사랑이 되기까지

저 밑바닥에
비밀을 깔고 앉은 수련으로
언제나 상냥하게

솜사탕 같이 포근한
그리움으로
희망 한 줌 쥐어 본다.

인연

몇 겹의 마음 통과하는 건지
고여드는 침묵에
정겨움이 한때 울음으로 빗겨서고

슬픔이 상흔에 기대여 그리웠던 순간들
그 침묵과 웃음은 눈빛 속에 감춰두고
맑은 날에도 그렁그렁하다

지는 노을이 곱다 한들
아련한 추억의 뒷모습일 뿐

취한 모습 남기지 않으려고
안타까운 그리움으로
한 줌의 사랑 비워낸다.

쓸쓸한 고독

어스름 밟고 건너는 밤
허공 스쳐
붉은 심장으로 타오르는
기억의 끝자락

태양처럼 뜨거운
인연이라면
바람처럼 구름처럼
함께 가는 것

한때 중년의 가슴에
못자국처럼
허한 시림과 그리움
영롱한 별처럼 아롱져도

슬픔과 눈물로
음률 만들어
홀로 가는 외로움까지

아픈 듯 안을 수 있는
포근한 사랑과 웃음으로
여정의 선물 남기련다.

기다림 · 1

인연의 끈
사슬로 묶어 놓고

잠든 넋 깨우는
피리 소리
임의 발길 굽이 굽이
눈물 젖은 가슴

꿈과 사랑
오지 않는다 해도

목까지 차오르는 그리움도
견디어야 하고

고여 드는 침묵
미소로 다리를 놓고

한 걸음씩
걸어가야겠다.

기다림 · 2

어느 행성에서
당신의 하루를
가슴에 묻고

눈물 삼키지 못한 말에
몸살 앓는다

깊고 무거운 생각 위에
더러는 울먹이며
무너져 내리는 상념들

바짝 목 조이며
꼬인 말들 풀어내기까지
참았던 가슴 멍울져 내리고

메마른 마음 녹이기까지
사르르 볼 스치는 바람에
뜨거운 눈물이 두 줄 타고 내린다.

나의 여정

서걱서걱 걸어도
구멍 뚫린 엿가락처럼
느려진다

울컥 솟은 눈물은
흑백을 가리고

애련한 마음은
밤의 숨소리조차
절정 이룬다

허물을 물을 것인가
빛나는 진주가
될 것인가

이유 없는 사랑과
기쁨은 없다

창가에 번지는
부드러운 웃음

가장자리에
문 닫고
돌아온다.

안개

희로애락 젖어오는
길목에 서서

하얀 밤 지새우며
금쪽 같은 시간
쪼개어 써도

삐걱거리는 소리만
귓전에 들릴 뿐

수많은 사랑과
정열은 무디어지고
눈물만 출렁출렁

숨어 우는 세월
얼마일지 모르지만
아픔과 슬픔이
겹쳐야 깨달음 온다

짙은 내음까지도
누군가에게
마음 연다.

갈대

반딧불 하나에도
젖은 풀잎에 쓰러져
울고 간 바람에도
별은 있다

날개 끝에 이별 달고
등에 얽힌 사연들에도

차곡차곡 쌓인 아픔까지 곱씹어
온통 허물어 내리는 것들에도

꾹꾹 눌러 발바닥에
달아둔 각주에도

아직도 여리다
감성만 달고 있는 물음표에도
별은 있다.

종소리

가파른 공중 벼랑 건너
울림으로 번지는 안색이
청아한 리듬 되어
여운 남기며
와 닿는 영혼의 소리

봄볕에 몸 뎁히며
찰랑찰랑 허공에 둥근 파문 일으키는
소스란 빛과 향기까지도
고요히 다가와
가슴 일렁이는 소리

적막의 사슬 풀리면서
바람의 입질에 산등성이 넘는
실낱 같은 기쁨으로
귓전 타고
멀리 퍼져 가는 소리

헐겁던 그날도
팽팽하고 환하게 밝히며
한생을 온통 뜨거움으로 요약한

심지가 마지막
연소할 때 뒤돌아보는
찰나의 소리

시간의 간이역마다
벙벙히 고여 흐를 수 없는
슬픔과 눈물 아픔까지도
행복이 공존하는 삶으로 변화하는
눈부신 떨림의 소리

뒤축이 무너지는 그날의 울음 어디쯤에서
어제의 지문 지우고 끝끝내 일어서는
그 고통으로 인해
성숙해지는
우리 사랑의 소리

그리움과 내일의 표정으로
막힌 숨을 트이며
빛나는 희망으로 남은
추억의 소리.

후회

어두운 내부
개방하듯
가슴에 맺힌
부스러기
뼛속까지 달구어진
기억들

머물지 못한
세월 앞에
나뭇잎 떨어지듯
과거사 찌들 때
한숨만 퍼낸다

고독한 사람
만나면
가시옷 벗고
안아 주고

만남과 이별 사이에
숨 멎을 때까지
버둥거리는 소리.

나무

외로움의 눈으로
축 처져

수많은 갈망으로
처연하게 서 있는 너

무엇이 그리
빼저리게 하는가

비 개인 하늘은
저리 맑은데

핏빛으로 찢어진
절규 휘감고

쉼터에 앉아
가녀린 소리로

시름 달래
본다.

여백

빽빽한 시간 속
무얼 남기려는지

몸과 마음에 주름진
나 자신이 흘러간다

흔적들이 아프게 한다
이제 벗고 내리자

여울져 내리는 꽃잎처럼
아름다운 모습으로

2

.... 비 오는 날이면

약속

텅 빈 가슴 채우려
흔들리는 바람 잠재우고

예측할 수 없는 무게는
조금씩 신음한다

매서운 발 동동 구르며
바닥 할퀴고

가슴 안에서 울음 뽑은
이 까만 상처뿐

쓸쓸히 머리 풀고 누워도
시간만 감을 뿐

먼 하늘 달무리 보듯
님 생각에 잠겨 있다.

미래를 향하여 걷는다

눈에 밟히는 그림자처럼
석류빛 입술
붉은 사랑 나눌 수 있는
그 달콤한 흔들림으로
함께 가도 좋은 시간 속에서
빛소리로 받아 내고 있다

마지막 시간 뒤로한 채
남는 건 뉘우침뿐
후득거리는 가슴 조이며
그 길 걷는다
먼먼 끝사랑이 기다리고 있는
저 미지의 세계를.

불면증

뱉어놓은 말을
삼키지 못하고
몸살 앓는다

생각은 꼬리에 꼬리 물고
허물지 못한 상념들
하얀 가슴만 쓸어내린다

인생사 어느 순간
불 꺼지듯
한 줄기 바람 같은 것

좀더 베풀고 참고
사랑해야겠다

이 밤도
까만 눈동자만이
또 하나의 촉수 내민다.

열정

할 일은 많고
시간은
자꾸 가는데

세월은 늘
쉬엄쉬엄
가라 한다

나이는
흔자가 들어가면

물레살 돌아가듯
간다고 한다

아직도 마음은
청춘인데

그 물레에
실은
언제 감을까.

사랑은 안개

별처럼 펼쳐진
한 조각의 추억
가슴에 묻는다

수정처럼 맑은 미소까지
아득히 멀어지는 길

희로애락
밟고 간 세월

눈가에 주름만이
다리를 놓고 천만번 주어도
부족한 사랑

나이테만이 원을 그리며
싱거운 웃음 일지라도

태양이 내게 질 때까지
그리움을 모아 복사하듯

자화상

외로운 밤이면
별들은 물 위를 걷는다
기다림의 시간이
못 견디게 보고 파도

망각을 되찾기 위해서
얼음처럼 눈물을 감추고
슬픔이 빗물 되어 흘러도
웃어도 보고 울어도 보았다

바다처럼 넓은 마음은 아니어도
동그라미 사랑 미소 한 다발로
다가갈 수 있는
좋은 벗이 되는 사람

때로는 먹구름이 흐르고
낙엽이 떨어지고
눈처럼 아픔이 쌓여도

세월이 흐르는 가슴 위에
남은 사랑은 구슬 같은 눈물이
강물처럼 흐르고 있다

주마등

평생 사랑하는
배우자 찾는 일보다
더 어렵고 소중한 일은 없다

기억과 빗소리
포개 가면
가장 슬프게 음률을
만들 듯이

꿈 너머 아지랑이 속에
아물거리는 애태움
구름처럼 바람처럼
주체할 수 없이
헤맨다

오가는 어깨 사이에
아득히 먼 그 옛날
수많은 인연과 헤어짐

늘 안타까운 추억이
아물아물거린다

잠 못 이루는 밤

어두움 밟고
간 시간

바람도 세월도 아니다
나의 몸일 뿐

관조하는 꿈 사라지고
모래알처럼 부서진다

심신의 안정 위해
국화차에 의지하며

창 너머 별빛만
방안 들락거린다

오늘도 사색의 밤
온통 의문문뿐.

한 번쯤

한생이
슬하의 계절들을 데리고
눈썹 위로 지나간
시간이 허기질 때

꽃이 피는
누군가에 귀기울여 봐

점화되지 못한 지난날이
뇌관 건드리는 밤을 지나
폭탄처럼
아슬아슬하게 달리다가
새벽 끝에 앉힌 초승달을
만나게 될 거야

어제와 안부와 저녁이
울적한 날은
바람에게 물어 봐

비껴가고 포개지고 얽히며
지나온 가장자리

당겨 보면
낭비해 버린 발자취 흥건하지만
결심을 미룬 어지러운 봄날이
바닥에 흩어져 있지만
초행길 넘어가는
간절한 자세 만나게 될 거야.

사랑

상대가 맞추기 바라지 말고
먼저 다가가는 것

이별은
깨어진 마음에서
아픔을 디디고 오고

꽃들은 바람에
흔들리면서
몸살 앓고 피듯이

사람마다 고통과
슬픔은 있다
한생 귀로를 향해

가는 길이 가슴과
뼛속까지 시려 와도
햇살로 이어 가듯이

댓잎이 시리다 못해
아픔으로 울고 오듯이

서로가 더 깊은
숨을 쉬면서
이해의 폭 넓혀 가는 것.

비 오는 날이면

습관처럼
창문에 흐르는
눈물방울 세고 있다

울음도 서로 엉키지 않게
일정한 거리를 두고
까마득한 허공에서
소리 소리 지르며
무심한 듯 지상으로 귀향하고

보고픔도
그리움도
맨살 위
아픔으로 젖어오고

비바람에 꽃잎은
제 안의 슬픔으로
몸속의 물기
빽빽하게 차올라
하롱하롱 지는데

꽃빛 움켜쥔 그날이
어떤 암호 풀다가
신열 앓는다

외로움도 보배인 양
수천만 개의 생각들
고개 들고

속절없는 눈물은
빗물 되어 흐른다

소리 없이 글썽이는
겹겹의 옷을 입고
왜 당신은 돌아섰을까
이해하고 싶지 않는
그 끝자리는
왜 뚝 뚝 떨어졌을까

또 하나의 밤 쪼개는
천둥 번개 아우성.

이른 아침

밀려오는 잠 깨우며
굴러 가는 차바퀴
채찍질 한다

거울에 비치는
골 패인 주름
세월 위에 얹혀지고

시간 앞에 색깔 없는
줄무늬만
그려놓는다

팔십 고개에는
얼마나
많은 밭고랑
이루어 놓을 것인가

생각 덧칠할수록
보고픈 어머님
그리워진다.

바람 소리

만질 수도 볼 수도 없지만
움직이는 건 사랑과
진실

가슴 따뜻한 이처럼
웃음과 마음 통한다

늘 처음처럼
진솔함으로
한결같은 심성으로

비오는 날이면
애틋한 추억 한
조각까지
그리움으로

오늘도 눈물
스쳐 간 아쉬움
꽃피는 그날까지
온유한 성품으로

즐거운 인생

발바닥에 웃음이
나도록 달려 본다

그대가 차려준
아침 밥상
눈물 나게 고맙다

끊임없이 날고픈
나의 욕망
지구 끝까지

더 가까이
더 가까이
나는 나이에
염원하지 않는다

누군가 나이는
숫자에 불과하다 했다

살아 숨 쉬는
그날까지

나의 욕망을
불꽃으로 피워
내련다

그러기 위해선
더 닦아야 한다
더 빛내야 한다.

수영

하루의 시작 위해
새벽 여는 아침

몸 마음 정신까지 정화시켜야
마음 풀어낼 수 있다

물살 가르면
맑은 수정처럼
저항하는 걸 버리고

물의 신선함 배워
어느 스님의 말씀처럼
바람처럼 살고 싶다.

비

창문에 부딪히는 빗방울
그동안 참았던 오열인가

투명한 유리창
겁없이 타고 내리는 저 빗물

두 뺨에 복사 되어
하염없이 흐른다

이제 가슴 차곡차곡 맺힌 사연
알알이 풀어서

저 우레 같은 천둥 소리에
나의 애환 띄워 보내련다.

꽃향기

창문 열고
책상 앞에 앉아
소르르 잠이 든다

꽃빛도 내 팔을
베고 자는지 자장자장하고
봄볕에 배부른 한낮도
자울거린다

손녀가 고사리손으로
꽂아 준 꽃병에서
은은한 향이
풍긴다

꽃향이 길몽을 들고
잠의 나라로
들어서고 있고

나비잠 자는
한낮의 잠꼬대가
나른하다

해 질 녘의 방향에서
바람 알람이 불어와
잠이 깰 때까지.

비움

잃은 것도 얻은 것도
아니다

오직 가슴으로
시를 쓴다

슬픔과 눈물이
찾아오면

흠뻑 울다가
웃어 본다

미소의 빛깔
담아

부드러운 눈매
정화시키며
아픔 다독인다

사랑은 허물을
덮어 가는 것

또 하나의 길목에서
행복이 커간다.

첫눈

애착

눈물은 흘러서
강이 되라 했건만

어찌하여 가슴을
쥐어짜는가

사랑하는 이는
다 떠나고

허허벌판에 길 잃은
사슴 한 마리

가야 할 방향 잃고
두려움에 떨고 있다

누군가 때를 알고
떠나는 이의 뒷모습
곱다고 했던가

약한 가슴 위에
얹혀진 그리움
선혈로 남아 있다.

봄 오는 소식

오늘따라
3월의 푸른 안부와 악수하고 싶다

무형의 탯줄 뗀
연둣빛과 꽃빛은
제일 먼저 봄의 호적부에
이름 올리느라
가지마다 수다스럽게 화사하다

안과 밖이
춥고 서늘한 응시로
뭉쳐 있는
혹한 이겨내며
오돌오돌 떨면서

희망찬 새싹들이
살며시 웃으며 나온다

옹알이하듯 물린 젖을 빨듯
울긋불긋 앙증맞은 입에서

뭉게뭉게 졸음은 피어나고
젖가슴 풀어 젖힌 봄볕도
자울자울 졸고 있다

시간의 문밖을 서성인
꽃의 감정과 생각이
온기가 도는 황홀한 봄날 속으로
빠져들 수 있도록
팔랑팔랑 나비 날아든다

꽃향들이 통과한
계절의 길목이 온통 환하다.

커피

깜깜한 그믐의 기억 지나
천둥과 번개와 불의 길을
비명처럼 걸어온
은은한 향이
감성 자극하는
순간

세월의 나이테
휘감고
오가는 수십 년

향을 앞세우며 춤추는
검고 현란한 춤사위
그 물의 꽃
한 모금 음미하듯 마시면
부드러운 촉감이
발끝까지 내려가는 이 짜릿함

빛바랜 추억들이
소르르 고개 들고
그리움으로 번져 간다

따스한 커피잔
가슴에
보듬어 안고

못다 한 사랑은
숨이 차오르는 매혹이 있어
치밀한 유혹으로
달콤하게 빠져드는
저 춤처럼 은밀하기에

보고픈 마음에
미소 담아
희망의 등불로
청실홍실
엮어 가고 싶다.

관심

항상 내가 서 있는 자리는
매일 매일의 표정을 씻어
기다림의 음성이 자라고
대화할 자세가 간절한
오늘

우기와 건기에도
꽃처럼 피었다가 지며
눈동자와 입술과 심장 깨우는
기쁨과 슬픔이 있기에

수많은 사람과 부딪히고
깨져도 관계 속에서
하루 하루를 채워 간다

어찌 만족할 날만
있으리오

어스름의 가슴팍에 진심을 묻은
따스한 해 질 녘의 체온처럼

같이 웃을 수 있고
함께 호흡할 수 있는

그런 사람 있어서
행복하다.

마무리

진화의 시간 다가와도
천적이 없어 안전할 것 같은
더위와 추위도 숫자로 늙어가는
그 달력에 적어놓은 계획들이
아쉬움 남긴 채
저 멀리 손짓하며 떠나고 있다

반갑지 않는 찬바람은
뼛속까지 스며들어
서걱거린다

주름의 지향점이
어디인지도 모른 채
심장이 원하는 대로
한 겹 한 겹 또 시간을 껴입는다

골골마다 잡힌
울음 하나 웃음 하나도
쉽디쉽게
늙어 가는 게 처음이니

조심히 가라는
지인의 말에
울컥 쏟아지는 눈물
주름진 볼 타고 흘러내린다

반사되어 더 고운 석양이
너무 서러워 말라고
위로해 준다.

그리움 · 1

허공의 발자국 포개질수록
푸르고 우묵한 아득의 집에서
산다는 따스한 흰 뼈
그 가을 햇살이
금빛으로 내려앉으며
하늘거리는 코스모스
쓸어 모은다

흑과 백을 움켜잡고
외발로 떠난 가슴이 돌아와
뼈저리게 고백하는
보고픔도 하나씩
주우며 간다
그곳으로 유혹한 건
뭘까

아마
잊지 못한 정
아닐까

나부끼는 흔들림으로
사랑 띄워
저 멀리 보낸다

바꿔 신은 계절마다
우리의 걸음은 뒤집혀
맨발의 시간은 달아나는데
불러도
대답 없는 임이여
오늘도 편히 쉬세요.

그리움 · 2

미소라 포옹할 수
있는 건
사로잡힌 향기인 듯

외로움이
한 올 한 올
바람에 흩어지고

차가운 심장에
따스한 고요
견고한 마음 무너지는 자리

밤 달리는 흔적들은
눈빛을 빗질하고
흘러간 시간을 뒤돌아본다.

집착 · 1

가슴에 품은
빨간 석류알 같은
정이 흘러 기쁨과 사랑
외롭지 않아

웃음과 괴로움
함께 할 수 있는
사람들이 있다는 건
행복하다

어떤 폭풍이 불어와도
마음에 품을 수 있는 짜릿함
눈물 핑 도는 사랑
남기고 싶다

그 꽃다운 정 물결 위에
그리움 되어 흐르고
못 견디게 아픈 별 하나가
아침 맞이하고 있다

집착 · 2

선명하게 번져가는
다정스러움

물결처럼 부드럽게
쓰인 이름

설레는 가슴으로
확인한다

옹알이하듯 읽어보는
그리움

피드백 감정의
기억들

내 가슴 깊숙이 어머니처럼
시간이 흐른다

오늘도 내 눈물 밟고
간 사랑 하나가

저 멀리 손짓한다.

들꽃

미안해서 어쩔까
나는 너의 얼굴을 밟았으니

자꾸 뒤돌아보아도
환하게 웃어 주는 너

사위어 가면서도
가슴에 흔적 남겨

그 길 걸을 때면
습관처럼 멈추어진다.

인생 이모작

신중년 꽃중년
날마다
새로움과 함께한다

주름진 길들이 허공으로 휘발되기 전에
뒤꿈치 물린 별자리가 방향 잃기 전에
그믐달이 제 심장 쏟아내고 사라지기 전에

웃고 울고 즐기면서
어르신들 찾아간다
가르침이 아니라
배움의 자세로

폭설 건너는 동백꽃
그 붉은 혀의 방식으로
입안 가득
발그레한 계절 들썩이고
만개한 생의 마지막을 위해
환하게 달아오른다

세상에서 가장 강한 이는
자신과의 싸움에서
이기는 자

가장 행복한 이는
하루를 즐겁게
보내는 자

비밀스런 날개 펼친
입술의 아침은 톡톡 터지는
향기로 몰두하고
섬세한 표정의 저녁은
부드러운 감정이 접목된
다정한 침묵으로 마주한다

오늘도
어르신들의 연륜만큼이나
내공이 묻어나는
보람 찬 하루.

상사화

춥고 무른 울음이
방향 모색하다가
슬픔으로 뭉쳐 있는 낯빛

향기에 목숨 건 절박한 운명
세월 앞지르고 덧칠해도
별자리의 위치는 자꾸만 바뀌어
서로 만날 수 없는 사이

꽃발 들어 하늘 우러러
붉은 눈물 토해내도
한껏 달아오르다가
쉽사리 짓무른 불운의 매혹

생의 전부를 가둔
해질녘처럼 가닿을 수 없는
사랑 저편에 두고
혼자 남은 꽃대

먼먼 기억으로
최초의 삶까지 비워낸다.

중년의 인생

기쁨은 유순하게 만든다
시간과 속도는
녹아내린다

웃음은 마음과 정신을
깨끗이 정화시킨다
맑은 눈과 귀에는
영혼과 총명한 소리 들리고

오늘이 지나면 내일이 있고
또 하나의 빛깔과 사랑
누구에게나 스며든다

슬픔과 아픔 포개가면
정숙이 한 줄기 빛이 되어
울려 퍼진다

아쉬움

바닷물이 씻은 모래사장
맨발로 모래 채워 보아도

조약돌 주워 보아도
눈에 어리는 아이들 모습뿐

행복했던 시간들
함께했던 자리

교실 구석구석마다
깔깔대는 웃음소리

꿈 용기 희망
가슴 가득 채우며

더 너른 세상으로 가는
그들의 뒤못 바라보며

가는 길에 아무런 걸림돌 없이
잘 풀려 가길 빈다

졸업이란 또 다른 새학기
맞이하도록.

친구를 보내면서

이젠
누군가의 마음
얻으려고
가슴 도려내는
일 하지 않겠다

마음 스쳐지나간
사람은 멀어지게
되어 있고

그리움과 슬픔도
언젠가는 떠난다

누군가는 흘려보내고
몇 사람 주워 담으며

자신만 사랑하고
바쁜 일상으로

그렇게 시간은
또 지나간다.

박덕은 미술관

새벽 빛 와 닿으면
이슬에 쓰러진 가슴 안고
육백여 점의 서양화
섬진강 물줄기 따라
서걱거리는 노래와 함께

옹이 박힌 나무들도
눈물 없는 새들도
반짝반짝 눈을 뜨며
바람도 추임새 따라
소롯이 뺨 만지며 환영한다

미적 가치에
선과 점을 젖줄 이어 가듯
무지갯빛 애환과 사랑을
고결히 승화시켜

화선지 위에 감성 달래어 가는 물감들의 파문은
서로의 자태를 뽐내고 있다

학문으로서의 탁월한 재능과
예능의 끼와 끈기로
인간의 승리를 이끈 듯

강천사 계곡의 향기와
물의 순결함과 조화 이루고
만인들 끌어 안을
한 폭의 수채화

세계 그 어느 나라와
견주어도 뒤지지 않을
아름다운 명품 명작들
길이 길이 빛나길 기원한다.

누에고치

한 겹의 어둠을 깐
따스한 쉼표로
채반에서 네 잠 자고
소낙비 내리는 소리 그치면
고요 머문다

아직은
눈뜨지 않는 예언
불러오기 위한 주술은
파동으로 가득한 긴긴 잠

때로는
지상의 황홀한 평온이
날카로운 적의敵意일 수 있어
고개 좌우로 흔들어
섶을 찾는다

입으로 뽑아낸 명주실로
가닥 잡아
두려움 없이
스스로 자신을 골방에 가둔다

숨 막힐 듯
갈증으로 다가오는
내일의 상징
풀기 위해
오물거리는 불안 삼킨다

진액 짜낸 고독과 눈물
가해질수록 비밀 채우고 난 뒤

절반의 날개와
절반의 공중으로
날아오르기 위해
자신의 몸을
번데기로 만들기까지
올올이 풀어헤친
이천 배가 넘는다는
실날 같은 슬픔
그렁그렁
채반에 매단다.

삶

생각의 꼬리가 물고 물리는 밤에는
묻지도 않는 의혹들이
눈에 불을 켜며
서로의 궁금한 발목 붙잡고
주저앉다가 도망가다가
자정을 뛰어넘어
2시 방향으로 달린다

살아간다는 건
그렇게 흩어진 생각과 시간을 모아

가슴에 쓸어 담고
하나씩 꺼내 보는 것

그 가슴에서
어둡거나 밝은 발자국들이 흘러나와
먼 먼 그날의 저녁을 서성거리거나
떨며 누군가를 기다리기도 하는 것

때로는 희끗희끗 먼발치에서 까치발 들고
발바닥에 웃음 나도록 남보다 앞서가는 것

열정과 욕망조차
세월 앞에 다 내려놓는 것

그러다가 꿈도 사랑도
아스라이 사라져 가는 것

끝내는 해질녘의 자세처럼
낮아지고 엷어지며 스며드는
그 감성과 성찰의 끝자리에서
어떤 깨달음에 귀기울이는 것.

첫눈

나뭇가지마다
솜사탕이 웃으면

아이들이
움츠렸던 나래 펴며
호호 손 불면서
발 동동거린다

강아지처럼 뛰다가 웃다가 눈싸움에서 지는 아이
품에 달려와 사진 찍는다

이 천진한 아이들의 웃음
동화나라로 꿈 실어
위대한 영웅 되기를

유치원에서
하루의 마감 위해
기도한다.

4

. . . . 사랑은 내게로

님

다시 태어나도
그대의 낙원에
뿌리 내리고 싶다

지난날
잃어 버린
조각들 모아

몇 천 겁
인연일지라도
편하게 숨 돌릴 수 있는

해후의 설렘으로
천년바위 되도록
기다리련다

오늘도 서산으로 가는 해
또 하나의 나이테
남기고 간다.

사랑

당신의 말 한마디가
생각을 바꾸고
고단함 씻어 줍니다

잘못했을 땐
괜찮아 다음에 잘하려고 그래
등 토닥이며 위로해 주고

좋은 일 나쁜 일
웃음과 함께 지켜주며
하고픈 일이
있을 땐

미리 알아보고 찾아보는
따스한 마음

항상 조심하라 다독이며
오늘도 잘 다녀오라는
당부 한마디

가슴 파고드는
그리움
눈물 되어 흐릅니다.

퇴근길

눈은 쉴 새 없이 내린다
차바퀴가 이리저리 밀리고 비틀거리며
쓰러진다

술을 한 말쯤 먹은 모양이다
밤이라 정체불명의 길

온 세상은 백설의 나라
누구 하나 없다

무서움에 왈칵
눈물이 쏟아진다

집에 가는 길이
왜 그리 멀기만 한지
뿍뿍 기어서 집에 오니
세 시간 걸렸다면

추운데
밖에서 기다리고 있는 남편에게
고생했다고 위안를 받는다.

희망의 등불

저물어가는 해를 붙들어 가면서
세월에 묻힌 희망 하나 캐러 간다

숫자에 더져진 나이테를 안고 멈출 수 없는 시간
늦게 도전한 만큼
나이가 무섭고 시간이 아깝다

모든 일은 노력한 만큼 길이 보인다
발바닥에 웃음 나도록
멈출 수 없는 열정으로

그날을 위해 뛰어 보자
누군가 늦게 핀 꽃이라 했듯이

그 길을 확 잡고 너털웃음 한 번
웃어 보자.

고희 앞두고

실종되는 기억도 없이
웃음과 울음이 일렁이고
사랑과 이별이 맞닿아
주름과 세월이 고인
그 몸이 무너진다
주저앉고 싶다

첫자리였던 유년의 아침이
절반의 침묵과 절반의 상처로
밀리고 밀려서
가장 먼 생의 끝자리에
와 있다

마음의 갈무리
아직도 청춘인데

뜨거운 숨은
늙지 않는 습성대로
일상과 어둠의 뼈를 가르고
무지갯빛 이름 부르면서
전신에 차오르는데

사는 게 업이다
언제쯤 벗을까

하룻길을 걷는 한줌의 무게가
가벼워지고 고요해지는 시간에
다다를 수는 있는 것일까

세상빚 다 갚아야 하는데
한계선이 느껴진다

아 쉬고 싶다
이제 하나씩 비워내자.

둥지 떠난 새
– 큰아들에게

큰애야 보석 같은 너를 얻어서
이 에미 부러울 것이 없었단다

시간은 바람 따라 흘러가고
너는 내 둥지 안에서 20여 고개를 넘어 노력한 결과

너의 열정은 하늘에 닿아
국경을 넘어
외국으로 취업 위해 떠날 때

반갑고 기쁘면서도
멀리 떠나보낸 너를 생각하니
가슴이 허전하구나

어디에 가든
어디에 있든
귀여움 탔으면 한다
그래도 한 가지 믿는 구석은 있구나

힘들고 어려워도
너의 유머스러운 말솜씨가
그 자리를 빛내리라 믿는다

어찌됐든
건강이 재산이다
두루 두루 잘 살펴 촉감 있게 살면
호감 받으리라 믿는다.

보고 싶은 사랑
– 큰며느리에게

상냥하고 또렷하고 예쁘고
역경에 굴하지 않고
열심히 살아줘서 고맙다

항상
웃는 얼굴
너그러운 마음

저는
시누이 없이 못 산다는 말
귓전에 전율 타고 내려오는구나

그 아름다운 미덕과 심성
배려심으로 삼 남매
이 세상 다하는 날까지

사랑하고 우애하며 살아주길
간절히 기도한다.

사랑은 내게로

황금물결 일렁이는
가을 들판

금빛의 희망을 안고 사랑은 내게로 온다
깔끔하게 갖추어진 자태

눈빛의 촉감은 웃음으로 다리를 놓고
운명처럼 다가온 설렘으로

나의 반쪽이 되어
삶의 한 울타리로
엮어 가면서

동그라미 사랑으로
웃음꽃 피워내련다.

사위 사랑

참신하고 선한 마음
곱기도 하다

사랑이란
하해 같은 마음으로
서로 믿음과 신뢰로
공감해 주는 것

행복은
큰 것에서 오는 게 아니라
작은 일상
함께하는 순간에서 오는 것

새로운 생활이 풍요롭게
동등한 파트너로 성장해 가길
부디.

피아노
– 딸에게 보내는 편지

건반 위에 스치듯 부드러운 선율 구슬픈 연가가
날 아프게 한다

너를 보내고 끝없는 새벽길 걸어 불어오는 바람에
잘 살기를 기도로 띄워 보낸다

검은 건반과 하얀 건반
독립적인 화음이
청하한 음률 내듯

너의 부부
아름다운 미덕으로
잘 풀어 가리라 믿는다

너를 시집 보내고
방마다 텅 텅 비어
눈시울 적셔 온다

열심히 살아주기 바란다
항상 건강하길 기원하면서
사랑하는 엄마가.

그리운 사랑
– 막내아들

한 치의 오차도
흔들림 없이
너의 집념이 가상해

큰 장벽 뚫고
그 자리에 올라갔구나
자랑스러운 막내야

유학길에서
산전수전 다 겪고
인생 공부
빨리 하다 보니

효성이 지극해
조상님들이
도와주신 것 같다

날마다 우리에게
행복 배달해 주는
사랑하는 아들아

삶의 충전 위해
오늘도 돌다리 두들겨 가며
수고하고 힘내기 바란다.

잊을 수 없는 사랑

– 막내며느리에게

여리고 순백하고
지고지순한 너

나는 삼 초 안에
누구든 매료시키려고 노력한다만

너를 보는 순간
착하고 심성 고운 인성에
내가 삼 초 안에
너에게 그만 매료당했단다

순종하고 예쁘게 살아 준
참 고마운 너

세상 끝까지
행복하게 살아다오.

빨강 꽃

방문 열면
담장의 넝쿨장미

그리움이 삭고 삭아 저리 붉었는가

향기에 눈뜬
방안의 공기

까르르 웃는
아기 웃음처럼

끝내 시들지 않는 감동이 포개어진다.

연민

밤이면 별들은
심성을 잠재운다

눈썹 치뜬
여인의 숨소리 듣는 듯
태초의 기억까지
기다림의 세월에
망각 되찾기 위해

수련한 몸 곧추세우고
하늘이 억울하도록
가슴 스쳐 내리는 날들
울어도 보고 웃어도 보았다

아쉬움 충혈된 채
한때의 눈물
꽃으로 피워내고

어디선들
잃지 않는 진실과 사랑
묻어나는 그리움

건너갈 수 없는
슬픔과 괴로움
햇살에 찔린 기억조차

차츰 유순해지는
순간 보이지 않는
추억 속으로
스며들고 있다.

창문을 열며

깊숙이 찌르는 칼날도 없이
숨통을 끊는 쇳소리도 없이
풍경의 단면을 잘라내는
유리창에
연둣빛 잎들이 무성하다

오늘의 운세 물어 나르느라
낮 시간에만 움직이는
몇 평의 햇살이
몸 풀고 있는
창문을 연다

나뭇잎 엽서에
실려 온 향기 하나

그대의 미소인가
신록으로 우거진
수련한 우듬지

당신의 안부를

초록으로 풀어놓고
그날의 상처가 덧나지 않게
너무 뜨겁거나 맵지 않는
새소리로 날아오른다

어쩔 수 없었던
우리의 마지막이
미물들 끌어안고
울먹이며
고독으로 몸부림친다

가끔 향수 뿌려 주는
바람에
위안 받는다.

그대와 나

파란 하늘이 눈부시고 밤이
어두워도
우리는 마주보고 살아야 한다

함께해도 좋은 시간의 계단에서
꽃바람 스쳐가는 발자국마다

저린 마음으로 서로를 포개 가면서

가슴이 녹아
슬픔이 될지라도
견딜 수 없는 그리움으로

진한 빛깔의 사랑
천년의 인연으로
묶어 가련다.

새벽길

하늘은 당신 향해
호수처럼 맑고 깨끗한
아침 안고 온다

구름이 머물고
푸른 안개처럼
은빛 음률 안고

만물 초대하는
향기가 미풍같이
소리 죽여 오듯이

나의 심장은
오늘따라 평온하다
밤이면 별 찾는
꿈속으로

여전히
당신의 하루가
곱게 물들어 가길.

고향집

이가 빠지며 늙어가는 마당은
집의 내력 조근조근 들려주며
가려운 제 등을 한낮에 기대어
긁고 있다

한적한 시골집 툇마루
햇님이랑 새들이 놀다 간
발자욱 자리

햇볕의 따순 궁뎅이가 자리잡으면
꼬들꼬들 몸 뒤집으며 말라가는
붉은 고추를
마루는 먼 기억의 궤짝에서 꺼낸다

바람이 심술부려
문턱 밑에 하얀 먼지만
차곡차곡 쌓여 있다

주인 없는 빈집
제비도 안 산다고 했던가

묵은 집 부스러기만
부슬부슬 떨어지고 있다

유난히도 햇볕 따가운 여름
이끼 낀 마당에
풀들이 이불 덮고
벌레들이 잠자고 있다

심심한 달빛이
집의 안부가 궁금해
들락거리고
도회지에서 노느라
잔뜩 멋부린 밤바람은
몰래 담장 타고 넘어온다

행사 때면 대가족이 모여 즐기던
툇마루 빽빽한 추억들이
하나둘 사위어 간다.

평설

김원자 시인의 시집 출간을 축하하며

김원자 시인은 전남 장성에서 출생했다.

그녀는 교직자의 길을 걷고 싶었지만, 여러 가지 여건상 꿈을 이루지 못했다.

슬하에 2남 1녀를 두었는데, 자녀들이 모두 대학 졸업하자, 그녀는 늦깎이로 한국방송통신대학 유아교육학과에 들어갔다. 졸업 후, 유치원과 어린이집을 운영했다.

"그때 소중한 아이들의 해맑고 초롱초롱한 눈망울을 보면서 삶의 보람을 느꼈어요."

수년간 어린이집을 경영하면서, 또 다른 도전을 했다. 이번에는 사회복지학과였다.

한국 사이버대학교 사회복지학과를 이수한 뒤, 그녀는 동구청 자원봉사 센터에 들어가, 요가와 웃음치료, 치매예방 강사로 활동했고, 또 복지관에서도 봉사했다.

그녀는 당시를 이렇게 회고했다.

"유치원 경영과 함께 틈틈이 하다 보니, 수업 시간에 '우리가 간다' 라는 kctv 프로그램 제작자가 와서 어르신들과 활동하는 장면을 촬영하여 광주방송tv에 운좋게 3개월간 방영되었어요. 또, 서구 노인복지관, 남구 노인복지관, 광주공원 노인복지관, 요양원 등에서 계약

직으로 치매예방 강사로 활동하기도 했어요. 그로 인해 광주공원 복지관에서 우수자원봉사 표창장을 받기도 했지요. 행복한 한때였지요."

《문예사조》 시 등단, 《지구문학》 수필 등단, 《현대문예》 추천문학상, 《문학춘추》 신인문학상으로 문단 데뷔했으며, 문학상 수상으로는 산해정 치유문학상 수필 부문 우수상, 제6회 커피문학상 은상, 커피 현대시 문학상 등이 있다.

세계 시 문학 연구위원, 백야 문학회 이사, 문학춘추 회원으로 문단 활동을 하고 있으며, 보람유치원 원장, ECL 피노키오 어린이집 원장, 쑥쑥자라는 어린이집 원장, (주)뉴바이오 어린이집 원장 등을 역임했고, 광주광역시 서구 노인복지관·남구 노인복지관 소속 치매예방 강사, 광주광역시 공원노인복지관 소속 가요 노래 강사 등으로 활동했다.

그 외, 광주광역시립 광주공원 노인복지관 우수 자원봉사자 표창장을 받았으며, 자격증으로는 여성가족부 장관 보육시설 1급 자격증, 보건복지부 장관 보육시설 1급 자격증, 보건복지부 장관 사회복지사 2급 자격증, 광주광역시장 요양보호사 자격증 등이 있다.

자, 그러면 지금부터 김원자 시인의 시 세계로 탐구 여행을 떠나보자.

별을 향해 걸어가다 꽃잠에 든
밤의 문장 해독하려고

어두움 누운 자리에
누군가 첫 발자국 놓고 간다

적막의 방향에 귀기울이며
펄펄펄 쏟아지는
흰빛의 일대기 같은
보고픈 첫사랑 가슴에 담고
흐르던 눈물과 추억 뒤돌아보며

허공 가득 이야기 풀어놓으며
하얗게 써 내려간 육필 원고
그 치열한 삶의 체온으로
뽀드득 뽀드득
발걸음 소리 지워 간다

자정의 길목에서 속삭이는
바람의 언어를 입은
은빛 날개는
소롯이 축복으로 내려와
나뭇가지에 꽃피우고

안과 밖이 다르지 않게
하얀 고백으로 말문이 터진
설레는 가슴 한 조각엔
사랑으로 살다보니
그리움이 찾아오고
첫 문장에서 마지막 문장까지
간절히 그리운 몸을 열며

가슴 아픈 이들과
함께 웃다 보니
행복이 문앞에서 기다리고 있다.

_「눈」 전문

이 시에서의 시적 화자는 새로운 관점으로 눈을 들여다보고 있다. 눈 내린 자리를 '별을 향해 걸어가다 꽃잠에 든/ 밤의 문장 해독하려고/ 어두움 누운 자리에/ 누군가 첫 발자국 놓고' 간다고 표현하고 있다. '첫 발자국'에서 설렘이 느껴진다. 삶의 뜨거운 심장 같은 어떤 의지가 엿보인다. 첫 발자국, 첫눈, 첫사랑에서 그 '첫'은 왜 그리 설레고 간절할까. 생애 첫날을 여는 그 첫 발자국에서 어떤 긴장과 들뜸이 보인다. 그것도 시적 화자는 눈을 어둠이 누운 자리에 누군가 놓고 간 첫 발자국이라고 말하고 있다. 어둠이 누운 자리는 무엇을 의미하는 것일까. 사랑하는 사람과의 이별일까, 좌절된 꿈일까, 아니면 어떤 절망일까. 그것이 무엇인지는 정확히 알 수 없지만 삶의 발목을 붙드는 어떤 아픔일 것이다. 그 아픔을 어둠이 누운 자리라고 표현하고 있다. 멋진 표현이다. 또 '별을 향해 걸어가다 꽃잠에 든/ 밤의 문장 해독하려고' 첫 발자국 놓고 간다고 말하고 있다. 첫 발자국의 궁극의 목적은 '꽃잠에 든 밤의 문장 해독'인 것이다. '꽃잠에 든 밤의 문장'에서 신비로움이 느껴진다. 밤이라는 세계를 알 수 없어 불안하기도 하지만 시적 화자는 그 밤을 '꽃잠에 든 밤'이라고 말하면서 어떤 희망적인 미래를 소망하고 있다. 아픔을 추스리면서 내일로 나아가고자 하는 의지가 1연에서 엿보인다. 또, 흰빛의 일대기 같은 첫사랑을 가슴에 담고 눈물과 추억을 뒤돌아보는 자리, 치열한 삶의 체온으로 뽀드득 뽀드득 발걸음 소리를 지워 가는 자리, 바람의 언어를 입은 은빛 날개가 축복으로 내려와 꽃피우는 자리, 하얀 고백으로 말문 터진 가슴 한 조각에 그리움이 찾아오는 자리, 그리운 몸을 열며 가슴 아픈 이들과 함께 웃다 보면 행복이 어느새 기다리고 있는 자리라고 해석하고 있다. 표현과 묘사가 신선하고, 낯설게 하기가 잘 되어 있어, 눈길을 끈다.

가슴이 아려오는
그 이름
어머니

꽃가마 신부라는 화법으로
또 한번의 생애 첫자리 열며
시댁의 가장자리에서
떠밀려도 물러설 수 없는
끝자리 붙들고
불운과 행운 매만지며
뿌리 내린다
당신의 마음속엔
늘
그늘진 자식 걱정

행여 시집살이 힘들세라
보내준 편지
향기 묻어난다

꾹꾹 눌러쓴 글씨체에
고샅까지 뛰어나온
봄날의 안부와
담장 뛰어넘는
유년의 환한 낯빛과
물의 후렴구가 통통 튀었던
그날의 소나기가 흥건해
마음 적신다

여정에
늘어나는 주름살
물결처럼 밀려오고

꿈에서도 무언의 지팡이로
방향 점지해 주는
그 고운 자태

어머니라는 별자리는
춥고 매운 시간의 칼끝에서도
물러서는 법이 없기에
막막한 길 위에서도
동쪽을 싹트게 한다.
_「사랑의 등불」 전문

이 시에서의 시적 화자는 사랑의 등불과 어머니를

오버랩시켜 놓고 있다. 등불은 먼 길을 가야 하는 막막한 마음을 밝혀 준다. 등불 중에서도 사랑의 등불인 어머니는 알 수 없는 시집살이의 인생길을 밝혀 주는 환함 그 자체인 것이다. 시집가는 모습을 시적 화자는 '꽃가마 신부라는 화법으로/ 또 한번의 생애 첫자리 열'고 있다고 표현하고 있다. 멋진 표현이다. '꽃가마 신부라는 화법'에서 긴장감과 떨림이 감돌면서도 행복이 느껴진다. 결혼이라는 생애 첫자리를 여는 어떤 들뜸이 엿보인다. 그 들뜸과 설렘으로 행복이 이어지면 좋으련만 삶은 그렇지가 않다. 아픔과 슬픔으로 담금질을 하며 견뎌야 한다. 그런 마음을 '시댁의 가장자리에서/ 떠밀려도 물러설 수 없는/ 끝자리 붙들고/ 불운과 행운 매만지며/ 뿌리 내린다'고 말하고 있다. 시집살이가 아무리 고되도 끝자리 붙들고 버텨야 한다. 어떤 날은 불운을 매만지고 또 어떤 날은 행운을 매만지면서 자신의 삶을 뿌리 내리도록 해야 한다. 고단한 삶이 엿보인다. 시댁의 가장자리에서 끝자리 붙들고 버텼을 시적 화자의 눈물이 보이는 듯하다. 행여 시집살이 힘들세라 향기 묻은 편지 보내준 어머니. 그 편지에는 봄날의 안부와 담장 뛰어넘는 유년의 환한 낯빛이 들어 있어 마음을 적시게 한다. 늘어나는 주름살에도 꿈속에서도 무언의 지팡이로 방향 점지해 주는 어머니, 춥고 매운 시간의 칼끝이나 막막한 길 위에서도 동쪽을 싹트게 하는 어머니, 이 어머니가 바로 사랑의 등불이라고 결론을 짓고 있다. 어머니에 대한 따스한 시선과 고마움이 가득 넘쳐나는 시, 독자에게 따스한 감성의 세계를 이미지로 선물해 주고 있는 시라서, 눈길을 끈다.

가슴속 퍼내도
마르지 않는
저 우윳빛 바다

각혈하듯 해 질 녘 울음 쏟아내도
출렁출렁 기도와 당부 이으며
자식들의 둥근 물살이
포박당하지 않도록
잰걸음으로 해조음 끌어와
떠받쳐 준다

다소곳한 성품으로
빚어낸
요리와 바느질

막내가 가지고 논 새털구름은
구멍난 무릎에 이어 붙여
뭉게뭉게 꿰매고
첫째가 낚아채다 버린 뜬구름은
시접으로 접어 시침하며
한 벌의 생을 짓는다

만인의 길잡이 되어
호감 받는 환호성

지금도 귓전에 들려온다
고향집 구석 구석
해와 달
걸어온 뒤안길

한 채의 곤궁한 사주를
닳아진 무릎으로 밀고 당기며
녹슨 그믐달로
새벽의 침상에 눕지만
아침이면 다시
환한 생의 목록 향해 눈뜬다

저린 아픔
눈물 되어 흘러도
여전히 살갑게 부는 바람

당신의 웃음 몇 바가지
소롯이
가슴에 담는다.

_「어머니」 전문

이 시에서의 시적 화자는 어머니의 세계를 메타포로 펼쳐 나간다. 한 인간을 성장시키고 완성시키는 단어가 있다면 그 단어는 분명 '어머니'다. 춥고 어두운 길을 앞서 걸으며 자식의 미래를 밝히는 존재가 어머니이기에 우리는 '어머니'라는 세 글자 앞에서 숙연해진다. 어머니는 가슴에 자식을 담으며 자식의 내일이 행복해질 수 있도록 밤을 깁고 꿰매며 새벽을 맞이한다. 아무리 '각혈하듯 해 질 녘 울음 쏟아내도/ 출렁출렁 기도와 당부 이으며' 어머니는 오늘을 버틴다. '자식들의 둥근 물살이/ 포박당하지 않도록' 어머니는 고단한 걸음을 감내한다. 어머니의 그 모습을 '잰걸음으로 해조음 끌어와/ 떠받쳐 준다'고 표현하고 있다. 1연에서 시적 화자가 어머니를 '가슴속 퍼내도/ 마르지 않는/ 저 우윳빛 바다'라고 말한 까닭을 알겠다. 어머니의 무한한 사랑을 받으며 자란 시적 화자가 행복해 보인다. 어머니의 삶을 '만인의 길잡이 되어/ 호감 받는 환호성'이라고 표현하고 있다. 이 문장 속에서 어머니의 삶이 충분히 엿보인다. 자식뿐만 아니라 이웃에게도 어른의 역할과 어머니의 역할을 다해 존경스럽다. 4연에서 막내가 가지고 논 새털구름과 첫째가 낚아채다 버린 뜬구름을 시침하며 어머니는 한 벌의 생을 짓는다는 표현이 위트 있다. 어머니는 삶이 고달파 닳아진 무릎으로 버티면서, 밤이면 녹슨 그믐달로 눕지만 아침이면 환한 생의 목록 향해 다시 눈뜬다. 저린 아픔 눈물 되어 흘러도 여전히 살갑게 부는 바람으로, 늘 가슴에 소롯이 담기는 웃음 몇 바가지로 묘사되어 있는 어머니. 그 묘사와 메타포가 싱그럽다. 사물을 새롭게 해석하는 능력이 감탄을 자아내고 있다. 사물을 바라보되, 지금까지와는 달리 전혀 새로운 각도와 시선으로 해석해 놓아, 읽어 가는 맛과 스며드는 감성의 향이 남다르다.

가파른 공중 벼랑 건너
울림으로 번지는 안색이
청아한 리듬 되어
여운 남기며
와 닿는 영혼의 소리

봄볕에 몸 덥히며
찰랑찰랑 허공에 둥근 파문 일으키는
소스란 빛과 향기까지도
고요히 다가와
가슴 일렁이는 소리

적막의 사슬 풀리면서
바람의 입질에 산능성이 넘는
실낱 같은 기쁨으로
귓전 타고
멀리 퍼져 가는 소리

헐겁던 그날도
팽팽하고 환하게 밝히며
한생을 온통 뜨거움으로 요약한
심지가 마지막
연소할 때 뒤돌아보는
찰나의 소리

시간의 간이역마다
벙벙히 고여 흐를 수 없는
슬픔과 눈물 아픔까지도

행복이 공존하는 삶으로 변화하는
눈부신 떨림의 소리

뒤축이 무너지는 그날의 울음 어디쯤에서
어제의 지문 지우고 끝끝내 일어서는
그 고통으로 인해
성숙해지는
우리 사랑의 소리

그리움과 내일의 표정으로
막힌 숨을 트이며
빛나는 희망으로 남은
추억의 소리.

_「종소리」 전문

이 시에서의 시적 화자는 종소리에 대해 다채롭게 해석해 놓고 있다. 종소리는 숨 막힌 허공의 혈을 뚫어 담장을 넘고 산을 넘는다. 종소리의 그 간절한 공명이 허공의 혈穴을 트이게 하는 것일까. 그래서 종소리를 시적 화자는 영혼의 소리라고 하는 것일까. 종소리는 '가파른 공중 벼랑 건너/ 울림으로 번지는 안색이/ 청아한 리듬 되어/ 여운 남기며/ 와 닿는'다고 말하고 있다. 문득 뎅 뎅 종소리가 들리는 듯하다. 종소리의 그 긴 여운이 귓바퀴에 남아 있는 듯하다. '울림으로 번지는 안색'과 '청아한 리듬'이 어우러져 맑은 영혼의 종소리를 잘 나타내고 있다. 그 종소리는 '가파른 공중 벼랑 건너'고 있다. 여기서 종소리로 대변되는 시적 화자의 삶이 그리 평탄하지 않았다는 것을 눈치챌 수 있다. 고단한 삶이었지만 그 공중 벼랑을 건너 끝끝내 청아한 리듬으로 여운을 남긴 시적 화자에게 박수를 보낸다. 자신의 몸을 쳐서 소리의 둥근 파문을 청아하게 남길 때까지 얼마나 많은 아픔들이 있었을까. 그 아픔을 견디고 이겨낸 삶을 종소리로 빗대어 표현하고 있다. 허공에 둥근 파문 일으키는 빛과 향기까지도 다가와 가슴 일렁이는 소리, 실낱 같은 기쁨으로 귓전 타고 멀리 퍼져 가는 소리, 한생을 온통 뜨거움으로 요약한 심지가 마지막 연소할 때 뒤돌아보는 찰나의 소리, 슬픔과 눈물과 아픔까지도 행복으로 변화하는 떨림의 소리, 고통으로 인해 더 성숙해지는 사랑의 소리, 빛나는 희망으로 남은 추억의 소리라고 종소리를 해석해 놓고 있다. 여기서도 낯설게 하기는 빛을 발하고 있다. 종소리가 반짝이는 메타포 위에서 현란한 춤을 추고 있다. 묘사의 새 지평을 열고 있는 듯해, 감탄을 자아내고 있다. 이로써, 우리는 종소리의 위대함을 만나 잠시 숙연해질 수 있어, 기분이 참 좋다.

한생이
슬하의 계절들을 데리고
눈썹 위로 지나간
시간이 허기질 때
꽃이 피는

누군가에 귀기울여 봐
점화되지 못한 지난날이
뇌관 건드리는 밤을 지나
폭탄처럼
아슬아슬하게 달리다가
새벽 끝에 앉힌 초승달을
만나게 될 거야

어제와 안부와 저녁이
울적한 날은
바람에게 물어 봐

비껴가고 포개지고 얽히며
지나온 가장자리
당겨 보면
낭비해 버린 발자취 흥건하지만
결심을 미룬 어지러운 봄날이
바닥에 흩어져 있지만
초행길 넘어가는
간절한 자세 만나게 될 거야.

_「한 번쯤」 전문

이 시에서의 시적 화자는 한 번쯤 생각해 볼 것들을 정리해 놓고 있다. 사는 게 축제처럼 즐거우면 좋으련만 그렇지가 않다. 생의 건널목 어디쯤에서 숨어 있는 환절기는 불쑥 나타나 평온했던 일상의 발목을 낚아챈다. 그 환절기는 어떤 이별일 수도 있고 마음의 허기일 수도 있고 좌절 또는 절망일 수도 있다. 그 환절기 같은 아픔이 눈을 가리고 귀를 덮어 주저앉고 싶을 때가 있다. 시적 화자는 그 지점에서 어떤 사색과 방향성을 얘기하고 싶어한다. 절망에서 희망으로 눈을 돌리자고. 긍정의 시선으로 삶을 대하는 자세가 멋지다. 살다 보면 문득 마음이 허할 때가 있다. 그 마음을 '한생이/ 슬하의 계절들을 데리고/ 눈썹 위로 지나간/ 시간이 허기질 때'라고 말하고 있다. 그런 쓸쓸함이 느껴질 때는 누군가에게 귀를 기울여보라고 한다. 누군가는 단순히 제3자를 지칭하는 것이 아니다. 꽃이 피는 누군가를 말하는 것이다. 꽃이 핀다는 것은 무엇을 의미하는 것일까. 추운 겨울 같은 아픔을 이겨낸 사람, 주저하면서도 봄날을 불러오기 위해 우는 새벽을 다독이며 꽃망울을 피운 사람, 아파하면서도 꽃의 뿌리를 단단하게 내린 사람일 것이다. 그와 같은 누군가에게 귀기울여 보자고 말하고 있다. 귀기울이다 보면 점화되지 못한 지난날이 새벽 끝에 앉힌 초승달을 만나게 될 거라고 말하고 있다. 또 울적한 날은 바람과 대화를 해보라고 한다. 낭비해 버린 발자취 흥건하지만, 결심을 미룬 어지러운 봄날이 바닥에 흩어져 있지만, 초행길 넘어가는 간절한 자세 만나게 될 거라고 말하고 있다. 아픔으로 향했던 시선이 조금씩 조금씩 밝고 환하게 변화할 수 있겠다는 확신이 든다. 다채로운 감성을 만나게 해주는 이 시 속에서 시의 특질을 만날 수 있어 행복하다. 시는 이처럼 다양한 인간의 감성을 만나게 해주어, 보다 폭넓은 시야를 갖도록 해주는 건 아닐까.

습관처럼
창문에 흐르는
눈물방울 세고 있다

울음도 서로 얽히지 않게
일정한 거리를 두고
까마득한 허공에서
소리 소리 지르며
무심한 듯 지상으로 귀향하고

보고픔도
그리움도
맨살 위
아픔으로 젖어오고

비바람에 꽃잎은
제 안의 슬픔으로
몸속의 물기
빽빽하게 차올라
하롱하롱 지는데
꽃빛 움켜쥔 그날이
어떤 암호 풀다가
신열 앓는다
외로움도 보배인 양

수천만 개의 생각들
고개 들고

속절없는 눈물은
빗물 되어 흐른다

소리 없이 글썽이는
겹겹의 옷을 입고
왜 당신은 돌아섰을까
이해하고 싶지 않는
그 끝자리는
왜 뚝 뚝 떨어졌을까

또 하나의 밤 쪼개는
천둥 번개 아우성.

_「비 오는 날이면」 전문

이 시에서의 시적 화자는 비 오는 날에 펼쳐지는 정경과 함께 이별로 인한 아픔을 그려놓고 있다. 이별은 아무리 포장해도 아프다. 그래서 아름다운 이별, 순한 이별은 없다. 외로움과 보고픔이 밀려와 벌겋게 충혈된 시간만 있을 뿐이다. 그 마음을 비에 빗대어 '울음도 서로 얽히지 않게/ 일정한 거리를 두고/ 까마득한 허공에서/ 소리 소리 지르며/ 무심한 듯 지상으로 귀향' 하고 있다고 말하고 있다. '소리 소리 지르며'와 '무심한 듯'은 상반된 느낌으로 다가오면서도, 오히려 외로움과 보고픔을 더 가중시키고 있다. 또 '무심한 듯 지상으로 귀향'하는 비에서 어쩔 도리 없이 외로움도 그리움도 스며들고 있음을 알 수 있다. '무심한 듯'에서 여러 해석이 열려 있어 멋지다. 시적 화자는 비가 오는 날이면 무조건 '습관처럼/ 창문에 흐르는/ 눈물방울 세'어 본다. '습관처럼'에서 아픔이 느껴진다. 습관으로 자리 잡을 때까지 내 몸에서 눈뜨고 잠들었을 그리움과 외로움이 아프게 다가온다. 그 습관은 자신의 몸에서 살다가 떠난 어느 시절의 목소리와도 같아서, 시간이 흘러도 바꿀 수가 없다. 비를 통해 맨살 위에서 아픔으로 젖어오는 그리움과 보고픔도 만나고, 어떤 암호 풀다가 신열 앓는 꽃빛 움켜쥔 그날도 지켜보고, 수많은 생각들을 고개 들게 하는 외로움도 느껴 보고, 글썽이는 겹겹의 옷을 입고 돌아선 당신을 이해하려고 애써도 본다. 어쩔 수 없는 이별을 '글썽이는/ 겹겹의 옷을 입고'와 '끝자리는/ 왜 뚝 뚝 떨어졌을까'로 표현하고 있다. 이별을 감각적으로 잘 묘사했다. 비 오는 날에 다가오는 감성들, 여기서는 좀 색다르게 다가온다. 평소와는 다른 감성과 느낌이 우리의 잠자던 감촉을 깨어나게 하는 듯하다. 이게 바로 시가 해야 할 일이 아닐까.

창문 열고
책상 앞에 앉아
소르르 잠이 든다
꽃빛도 내 팔을

베고 자는지 자장자장하고
봄볕에 배부른 한낮도
자울거린다
손녀가 고사리손으로
꽂아 준 꽃병에서
은은한 향이
풍긴다

꽃향이 길몽을 들고
잠의 나라로
들어서고 있고

나비잠 자는
한낮의 잠꼬대가
나른하다

해 질 녘의 방향에서
바람 알람이 불어와
잠이 깰 때까지.

_「꽃향기」 전문

이 시에서의 시적 화자는 꽃향기를 섬세하게 추적하고 있다. 꽃에게도 감정이 있다면, 꽃향기는 꽃의 일생에서 최고로 긍정적이고 아름다운 감정일 것이다. 그 꽃향기 때문에 벌과 나비는 날아들고 상춘객들은 꽃을 보기 위해 밖으로 나간다. 그런 느낌으로 다가오는 꽃향기라는 시는 마치 아름다운 영화 한 편을 보고 난 것처럼 은은하고 향그럽다. 시적 화자는 꽃향기에 취해 잠이 든 정경을 '꽃빛도 내 팔을/ 베고 자는지 자장자장하고/ 봄볕에 배부른 한낮도/ 자울거린다'고 말하고 있다. 몽환적인 느낌마저 들어 신비스럽다. 꽃향기에 취했다고 직설적으로 말하지 않고 '꽃빛도 내 팔을/ 베고 자는지 자장자장'한다고 에둘러 표현하고 있다. 팔을 베고 자는 꽃빛이 참 사랑스럽다. 그 꽃빛은 손녀가 꽂아 준 꽃병에서 나는 향이다. 손녀에 대한 사랑을 꽃향기에 빗대어서 말하고 있는 시적 화자의 시선이 멋지다. 꽃병에선 은은한 향이 풍기고, 꽃향은 길몽을 들고 잠의 나라로 들어서고, 한낮의 잠꼬대는 나른하다. 그런 정경은 해 질 녘 바람 알람이 불어와 잠이 깰 때까지 지속된다. 섬세한 관찰이 시 전체를 꽃향기에 젖어 있게 한다. 이미지는 이처럼 섬세한 관찰에서 시작되고 열매 맺는다는 것을 알게 해주는 시, 시는 곧 이미저리라는 어느 평론가의 말을 실감나게 하는 시, 이미지만으로도 시가 완성될 수 있다는 모범을 보이는 시, 그래서 좋다.

오늘따라
3월의 푸른 안부와 악수하고 싶다

무형의 탯줄 뗀
연둣빛과 꽃빛은
제일 먼저 봄의 호적부에

이름 올리느라
가지마다 수다스럽게 화사하다

안과 밖이
춥고 서늘한 응시로
뭉쳐 있는
혹한 이겨내며
오돌오돌 떨면서

희망찬 새싹들이
살며시 웃으며 나온다

옹알이하듯 물린 젖을 빨듯
울긋불긋 앙증맞은 입에서
뭉게뭉게 졸음은 피어나고
젖가슴 풀어 젖힌 봄볕도
자울자울 졸고 있다

시간의 문밖을 서성인
꽃의 감정과 생각이
온기가 도는 황홀한 봄날 속으로
빠져들 수 있도록
팔랑팔랑 나비 날아든다

꽃향들이 통과한
계절의 길목이 온통 환하다.
_「봄 오는 소식」 전문

이 시에서의 시적 화자는 봄 오는 소식에 대해 밀착 취재하듯 들여다보고 있다. 봄날만큼 아름다운 계절의 민낯이 또 있을까. 조막손 같은 연두잎을 내민 새싹이 가지마다 오종종 깨어나고 있는 봄. 하품을 하며 봄의 문을 여는 꽃망울의 입술이 앙증맞다. 그만큼 봄이 오는 소식은 추운 겨울의 밤을 달뜨게 하고 사람들의 가슴을 설레게 한다. 시적 화자는 그런 마음을 '오늘따라 / 3월의 푸른 안부와 악수하고 싶다'고 표현하고 있다. 설렘이 가득 느껴진다. 3월의 푸른 안부와 악수할 때까지 홀로 긴긴밤을 이겨내야 하고 밀려드는 추위와 외로움을 견뎌내야 한다. 시적 화자는 그 견딤의 정도를 '안과 밖이/ 춥고 서늘한 응시로/ 뭉쳐 있는/ 혹한 이겨내며/ 오돌오돌 떨면서'라고 말하고 있다. '안과 밖이/ 춥고 서늘한 응시'를 통해서 그 견딤이 얼마나 힘들었는지 짐작이 간다. 어떻게든 그 아픔을 견뎌야만이 푸른 안부와 악수할 수 있는 것이다. 또 봄을 상징하는 연둣빛과 꽃빛은 '무형의 탯줄'을 뗐다고 말하고 있다. 봄을 새 생명의 탄생에 비유하고 있다. 그렇게 태어난 연둣빛과 꽃빛은 봄의 호적부에 자신의 이름을 올리기 위해 가지마다 화사하게 피어나고 있다. '수다스럽게 화사하다'에서 봄의 환호성이 들리는 듯하다. 희망찬 새싹들이 살며시 웃으며 나오는 날, 꽃의 감정이 온기 도는 황홀한 봄날 속으로 빠져드는 날, 꽃향들이 통과한 계절의 길목이 온통 환한 날 등으로 봄

오는 소식이 묘사되고 있다. 시어 배치가 아주 정교하다. 군더더기도 없다. 이미지 구현도 깔끔하다. 시가 가야 할 길을 선명히 보여 주는 듯하다.

깜깜한 그믐의 기억 지나
천둥과 번개와 불의 길을
비명처럼 걸어온
은은한 향이
감성 자극하는
순간

세월의 나이테
휘감고
오가는 수십 년

향을 앞세우며 춤추는
검고 현란한 춤사위
그 물의 꽃
한 모금 음미하듯 마시면
부드러운 촉감이
발끝까지 내려가는 이 짜릿함

빛바랜 추억들이
소르르 고개 들고
그리움으로 번져 간다

따스한 커피잔
가슴에

보듬어 안고
못다 한 사랑은
숨이 차오르는 매혹이 있어
치밀한 유혹으로
달콤하게 빠져드는
저 춤처럼 은밀하기에
보고픈 마음에
미소 담아
희망의 등불로
청실홍실
엮어 가고 싶다.

_ 「커피」 전문

제6회 커피문학상 은상 수상작인 이 시에서의 시적 화자는 커피 사랑에 빠져들고 있다. 커피의 향을 '깜깜한 그믐의 기억 지나/ 천둥과 번개와 불의 길을/ 비명처럼 걸어온/ 은은한 향'이라고 말하고 있다. 뜨거운 팬에 볶아지고 펄펄펄 물 끓는 소리를 통과한 커피를 멋지게 표현하고 있다. '깜깜한 그믐의 기억'에서 먼 길을 걸어온 커피의 여정이 보이는 듯하다. '천둥과 번개와 불의 길'을 걸어야만 커피는 비로소 은은한 향을 낼 수 있다. 커피에 빗대어서 어느 인생사를 얘기하고 있는 듯해 먹먹하기도 하다. 여기까지 걸어온 그 걸음이 얼마나 고달팠으면 '비명처럼 걸어온'이라고 했을까. 우리 인생사도 명랑하고 유쾌한 유년 시절을 건너 고달프고 험난한 불의 길을 통과해야 중년과 노년에 다다를 수 있는 것이다. 2연에서 시적 화자는 커피와 인생사를 오버랩시키며 '세월의 나이테/ 휘감고/ 오가는 수십 년'이라고 말하고 있다. 감성을 자극하는 이 은은한 향, 향을 앞세우며 춤추는 춤사위 그 물의 꽃, 한 모금 마실 때 발끝까지 내려가는 짜릿함과 부드러운 촉감, 소르르 고개 든 채 그리움으로 번져 가는 빛바랜 추억들, 숨이 차오르도록 매혹적인 치밀한 유혹, 달콤하게 빠져드는 은밀함, 보고픈 마음에 미소 담아 청실홍실 엮어 가는 희망의 등불, 이게 커피란다. 커피에 대한 예찬과 감성이 예술이다. 우리가 흔히 대하는 커피에 대해 이토록 아름답게 예찬할 수 있다니, 멋스럽다. 인간이 가장 아름다운 모습이 바로 이런 감성으로 커피를 대하고, 커피를 마시고, 커피를 음미할 때가 아닐까. 차 한 잔의 여유를 누릴 줄 아는 현대인들에게 감성의 파노라마를 선물해 주고 있어, 뿌듯하다.

진화의 시간 다가와도
천적이 없어 안전할 것 같은
더위와 추위도 숫자로 늙어가는
그 달력에 적어놓은 계획들이
아쉬움 남긴 채
저 멀리 손짓하며 떠나고 있다

반갑지 않는 찬바람은
뼛속까지 스며들어
서걱거린다

주름의 지향점이
어디인지도 모른 채
심장이 원하는 대로
한 겹 한 겹 또 시간을 껴입는다

골골마다 잡힌
울음 하나 웃음 하나도
쉽디쉽게
늙어가는 게 처음이니
조심히 가라는
지인의 말에
울컥 쏟아지는 눈물
주름진 볼 타고 흘러내린다

반사되어 더 고운 석양이
너무 서러워 말라고
위로해 준다.

_「마무리」 전문

이 시에서의 시적 화자는 한해를 마무리하면서 내면의 감회를 정리해 놓고 있다. 세월은 흘러 젊었던 몸에서 주름이 흘러나오고 무릎에서 삐걱거리는 불협화음이 흘러나올 때 시간이 얼마 남아 있지 않다는 것을 문득 깨닫는다. 60대는 60의 속도로 시간이 흘러가고 70대는 70의 속도로 시간이 흘러간다고 한다. 그런 면에서 보면 시간은 참으로 야속하다. 마지막 한 장의 달력을 남겨두고 시간은 빨리도 흘러간다. 여기서 재

밌는 것은 달력을 '진화의 시간 다가와도/ 천적이 없어 안전할 것 같은/ 더위와 추위도 숫자로 늙어가는/ 그 달력'이라고 말하고 있다는 점이다. 위트가 느껴진다. 더위와 추위도 숫자로 늙어간다는 상상이 재밌다. 또 더위와 추위를 진화의 시간이 다가와도 천적이 없어 안전하다고 말하고 있다. 발랄한 상상력이다. 달력에 적어놓은 계획들이 아쉬움 남긴 채 손짓하며 떠나고 있는 지금, 반갑지 않은 찬바람이 불어와 뼛속까지 스며들어 서걱거린다. 주름의 지향점은 어딘가, 심장이 원하는 건 뭔가, 한 겹 한 겹 시간을 껴입는 지금, 골골마다 쉽디쉽게 늙어 가고 있고, 조심히 가라는 지인의 말에 울컥 눈물이 쏟아지고 있다. 그때 석양이 너무 서러워 말라고 위로해 주고 있다. 감정이입이 된 채, 모든 사물들이 시적 화자에게 위로해 주고 있는 듯하다. 자연과 하나되어, 자연과 한 호흡으로, 느끼고 함께하며 사물을 관조하는 데서 시의 특질이 자리한다는 깨달음도 던져 주고 있어, 시의 맛을 새롭게 맛볼 수 있어 좋다.

> 항상 내가 서 있는 자리는
> 매일 매일의 표정을 씻어
> 기다림의 음성이 자라고
> 대화할 자세가 간절한
> 오늘
> 우기와 건기에도
> 꽃처럼 피었다가 지며

눈동자와 입술과 심장 깨우는
기쁨과 슬픔이 있기에
수많은 사람과 부딪히고
깨져도 관계 속에서
하루 하루를 채워 간다

어찌 만족할 날만
있으리오
어스름의 가슴팍에 진심을 묻은
따스한 해 질 녘의 체온처럼
같이 웃을 수 있고
함께 호흡할 수 있는

그런 사람 있어서
행복하다.

_「관심」 전문

이 시에서의 시적 화자는 관심의 세계에 대해 고찰하고 있다. 서로에 대한 관심은 따스한 대화와 배려라는 공감화법이 기본 전제로 있어야 한다. 그 마음가짐을 시적 화자는 '기다림의 음성이 자라고/ 대화할 자세가 간절한 오늘'이라고 말하고 있다. 멋지다. 아무리 힘들어도 표정을 씻고 누군가를 기다리는 음성이 자라고 있다니. 그만큼 아름다운 만남이기에 가능한 것이다. 살다 보면 늘 좋은 날만 있지는 않다. 우기처럼 힘든 날도 건기처럼 메마른 날도 있지만 그 속에서도 '꽃처럼 피었다가 지며/ 눈동자와 입술과 심장 깨우는/ 기쁨과 슬픔이 있다.' 그 모든 것을 함께 나누는 소중한 사람이 있는 시적 화자가 행복해 보인다. 부딪히고 깨지는 관계 속에서도 하루 하루를 채워 가는 자리, 진심으로 같이 웃을 수 있고 함께 호흡할 수 있는 자리, 그런 자리와 같은 사람이 곁에 있어서, 그런 사람이 관심을 가져 줘서, 행복하다고 말하고 있다. '따스한 해 질 녘의 체온처럼/ 같이 웃을 수 있고/ 함께 호흡할 수 있는' 그런 사람이 우리 곁에 있다면 좋겠다. '따스한 해 질 녘의 체온'에서 그 사람의 심성이 느껴진다. 멋지다. 관심에 대한 고찰을 통해, 우리가 얼마나 따스한 관심과 소통에 무심했고, 무관심과 불통으로 고통스러워하는가를 상징적으로 보여 주고 있다. 보다 따스한 관심이 필요한 시대임을 강조하는 듯하다.

여기서 보는 것처럼 김원자 시인의 시들은 시의 특질을 두루 구비하고 있어 눈길을 끈다. 시는 진부한 세계가 아니다. 사물과 삶을 새로운 시야로 새로운 각도로 해석해 놓아, 독자에게 새 지평을 열어 주어야 한다. 즉, 낯설게 하기를 통해, 매번 참신하고 신선한 시야를 개척해 주어야 한다. 기시감에서 벗어나 싱그러운 해석의 텃밭에서 거닐 수 있도록 오솔길을 열어 주어야 한다. 그 오솔길에 이미지를 깔고, 이미지들을 모아 입체감 있는 이미저리를 세워 주어야 한다. 가능한 한 감성의 다채로운 세계를 보여 주고, 그 감성을 만나 관조의 발걸음을 걷도록 도와 주어야 한다. 될 수 있는 한, 리듬을 살려 주고, 복잡미묘한 감성들을 그림처럼 그려 독자의 손에 쥐어 주어야 한다. 그 감성과 이미지와 새로운 해석이 삶의 의미방울을 모은 차 한 잔을 독자들이 마실 수 있도록 시적 형상화 해 놓아야 한다. 그 싱그런 차를 마신 독자가 어느새 등줄기에서 흐르는 전율을 만나 감동의 눈물을 흘릴 수 있도록 배려해 주어야 한다. 시를 읽어 갈 때, 행복의 눈물이 흐를 수 있도록 시어 배치에 더욱 신경을 써야 한다. 김원자 시인의 시들은 이런 요소들을 두루 갖추고 있어, 읽어 가는 내내 행복한 미소를 짓게 하고 있다. 시의 특질에 가까울수록 시를 읽는 재미가 배가되고, 시의 세계는 더욱 오묘해지고 감칠맛이 있어, 시와 함께하고 싶어지도록 따스한 품을 내어 준다.

앞으로 김원자 시인의 제2, 제3의 시집이 나와 독자들을 더욱 감동시켜 주기를 바란다. 여생 동안, 시를 쓰며 시를 모아 시집을 내면서 성숙한 인생을 꾸려가길 소망해 본다. 부디, 아프지 말고, 관조의 시선으로 관찰하여 독자들을 오래도록 감동시키는 시들을 꾸준히 창작하길 기도한다.

__눈발이 그친 뒤 잠시 포근한 봄날 같은 한때를 즐기며

한실문예창작 지도 교수 **박 덕 은**

(문학박사, 전 전남대학교 교수, 문학평론가, 시인, 수필가, 소설가, 사단법인 노벨재단 이사장, 대한시협 부회장, 동화작가, 사진작가, 화가)

현대문예 작가선 · 171

사랑의 등불 | 김원자 시집

지 은 이 / 김 원 자
발 행 인 / 황 하 택

찍 은 날 / 2024년 3월 05일
펴 낸 날 / 2024년 3월 07일
발 행 처 / 도서출판 현대문예

주　소 / 광주광역시 동구 천변우로 361-6
전　화 / (062)226-3355 팩스 (062)222-7221
cafe.daum.net/ht3355
E-mail / ht3355@hanmail.net

등록번호 / 제05-01-0260호
등록일자 / 2001년 12월 31일

정가 12,000원
ISBN 978-89-94028-98-9(03800)